심장 동굴의
보물을 찾아라

심장 동굴의
보물을 찾아라

초판 1쇄 펴낸날 | 2019년 1월 30일

지은이 | 아나 알론소
그린이 | 파블로 토레시야
옮긴이 | 유아가다
펴낸이 | 양승윤

펴낸곳 | (주)영림카디널
출판등록 | 1987년 12월 8일 제16-117호
주소 | 서울특별시 강남구 강남대로 354 혜천빌딩
전화 | 02-555-3200
팩스 | 02-552-0436
홈페이지 | www.aladinbook.co.kr

값 9,000원
ISBN 978-89-8401-471-8 74400
ISBN 978-89-8401-439-8 (세트)

「이 도서의 국립중앙도서관 출판시도서목록(CIP)은
e-CIP 홈페이지(www.nl.go.kr/cip.php)에서
이용하실 수 있습니다. (CIP제어번호 : 2019000374)」

알라딘 북스는 (주)영림카디널의 아동 전문 출판 브랜드입니다.

공통안전기준
표시사항

① 품명 : 심장 동굴의 보물을 찾아라
② 제조자명 : 알라딘북스
③ 주소 : 서울시 강남구 강남대로 354
④ 연락처 : 02-553-9761
⑤ 제조년월 : 2019년 1월
⑥ 제조국 : 대한민국
⑦ 사용연령 : 6세 이상
⑧ 취급상 주의사항
  • 종이에 베이지 않도록 하세요.
  • 책의 모서리가 날카로우니 던지거나 떨어뜨려 다치지 않도록 주의하세요.
⑨ KC마크는 이 제품이 공통안전기준에 적합하였음을 의미합니다.

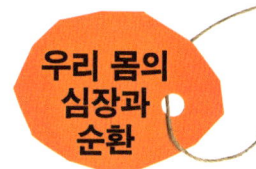

우리 몸의
심장과
순환

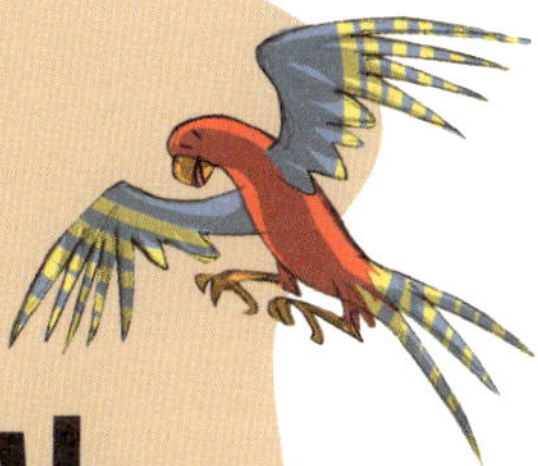

심장 동굴의 보물을 찾아라

글 아나 알론소 | 그림 파블로 토레시야 | 옮김 유아가다

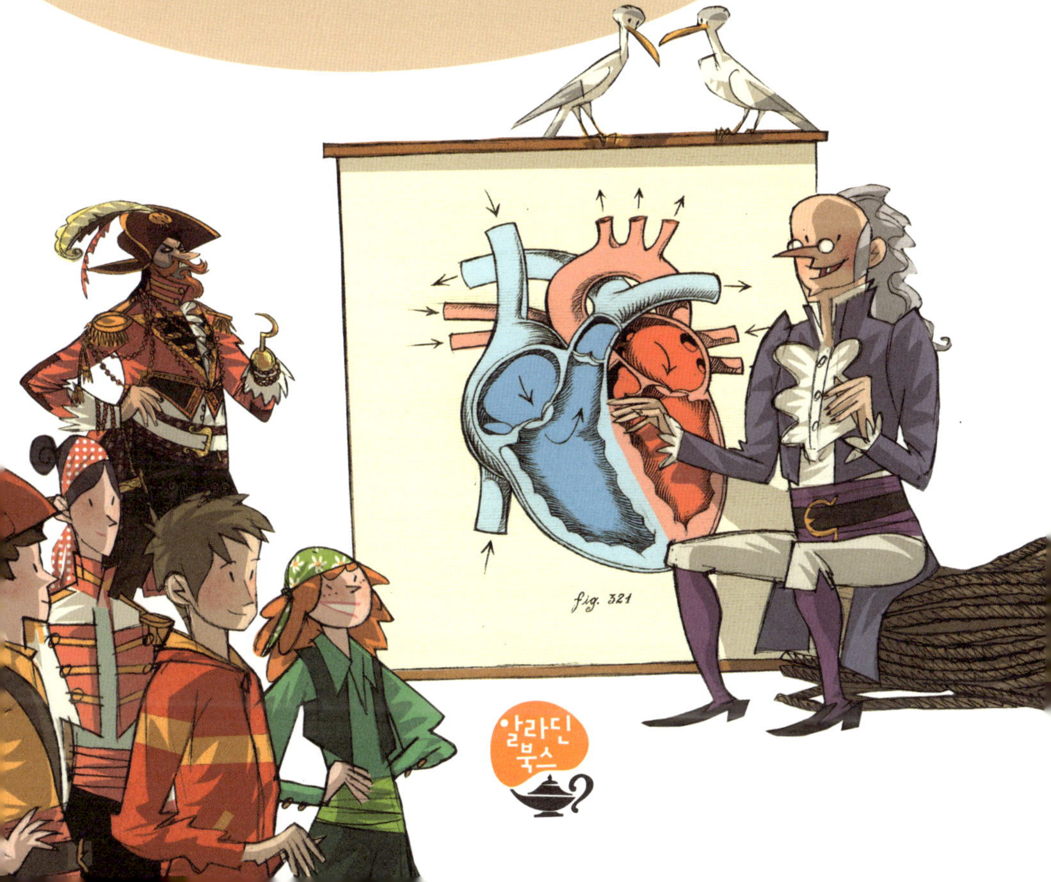

알라딘 북스

Original title: La cueva del corazón
© Text: Ana Alonso, 2011
© Illustrations: Pablo Torrecilla, 2011
© Grupo Anaya, S. A., Madrid, 2011
All rights reserved.

Korean Translation copyright © 2019 Younglim Cardinal Inc.
Korean edition published by arrangement with GRUPO ANAYA, S.A. through
Icarias Agency.

이 책의 한국어판 저작권은 Icarias Agency를 통해 저작권자와 독점 계약한 (주)영림카디널에 있습니다.
저작권법에 의해 한국 내에서 보호를 받는 저작물이므로 무단전재와 복제를 금합니다.

1

파블로는 언제나 해적들에 관심이 많았습니다. 두 살 때부터 지금까지 변함없이 죽 그랬지요. 그래서 파블로는 가끔씩 해적처럼 옷을 입고 플라스틱으로 만든 칼을 들고 의자에 올라가 이렇게 소리치곤 했습니다.

"모두 적들의 배를 향해 돌진하라!"

파블로는 하얀 돛과 황금색 대포들이 있는 나무로 만든 해적선을 가지고 노는 것도 좋아했습니다. 방바닥에서 배를 이리저리 움직이며 놀 때면 바닥은 상어들이 우글대는 거친 바다가 되었고, 침대는 보물이 숨겨져 있는 야자수가 우거진 신비의 섬이 되었습니다.

　그리고 여동생의 인형들은 인어들이나 적들의 배에 포로로 잡힌 공주라고 상상했습니다.
　파블로는 해적선을 그리는 것도 무척 좋아했습니다. 하얀색 해골 그림이 가운데 있는 검은색 해적 깃발을 특히 잘 그렸습니다.
　그러던 어느 날, 파블로가 그토록 바라던 모험이 시작되었습니다. 바로 이렇게요…….

2

 그날, 엄마가 새로운 상표의 쿠키 한 상자를 사 왔습니다. 상자 안에는 상어를 비롯해 여러 종류의 물고기와 불가사리 모양의 쿠키들이 들어 있었습니다. 파블로는 과자를 먹다가 상자 안에서 해적선이 그려져 있는 광고지를 발견했습니다.
 그림 위에는 크고 빨간 글씨로 다음과 같은 글이 쓰여 있었습니다.

해적의 세계에 관심이 있나요?
먼 바다를 항해하면서 숨겨진 보물들을 찾고 싶지 않나요?

그런 생각을 하고 있다면, 이 쿠폰 세 장을 모아 우편 사서함 번호 444444로 보내 주세요. 여러분의 꿈이 이뤄질 거예요!

파블로는 보통 때에는 광고에서 말하는 내용을 거의 믿지 않았습니다. 광고는 과장이 심하니 그대로 믿으면 안 된다고 엄마가 말해 주었거든요. 과자 상자에 있던 선물 교환권인 쿠폰도 더 많은 과자를 팔기 위한 일종의 광고라는 것을 알고 있었습니다. 그렇지만 이 광

고에는 왠지 모를 호기심이 생겼습니다. 정말로 쿠폰 세 장을 모아 우편 사서함에 보내면 어떤 일이 벌어질지 알고 싶어졌습니다.

어쩌면 해적의 쇠갈고리 손이나 애꾸눈 선장의 가죽 안대를 선물로 줄지 모른다는 생각이 들었습니다. 더 운이 좋다면 놀이공원 입장권을 선물로 받을 가능성도 있었습니다.

정말 어떤 일이 벌어질지 알기 위해서는 오직 한 가지 방법밖에 없었습니다. 가능한 과자를 많이 먹어서 쿠폰을 모으는 것 말이지요. 그래서 파블로는 물고기 모양과 불가사리 모양의 과자들을 열심히 먹기 시작했습니다. 아침 먹고 나서 그리고 저녁 먹고 나서도 간식으로 과자를 먹어 치웠고 어떤 때는 학교에 과자를 가져가 쉬는 시간에 먹었습니다.

게다가 과자 상자는 그다지 크지 않았습니다. 곧 과자 상자는 텅텅 비었고 엄마는 새것을 사왔습니다. 그렇게 해서 사온 두 번째 상자도 곧 텅텅 비었고, 드디어 세 번째 상자까지 깨끗하게 먹어 치웠습니다. 파블로는 드디어 쿠폰 세 장을 모았습니다.

파블로는 정성스럽게 쿠폰을 자른 다음 편지 봉투에 쿠폰을 넣고 지정된 우편 사서함 번호를 적었습니다. 봉투 뒤에는 자신의 이름과 주소를 조심스럽게 적어 넣었습니다. 그런 다음 집 모퉁이 가게에서 우표를 사서 봉투에 붙였습니다. 그리고 아빠에게 회사 가는 길에 우체통에 넣어 달라고 부탁했습니다.

"너무 큰 기대는 하지 마렴. 아마 추첨해서 티셔츠나 과자 상자 정도를 선물로 주는 게 다일 거야. 게다가 수천 명의 아이들이 너처럼 쿠폰을 보냈을 테니 경쟁률도 아주 높을 거다."

봉투를 받으면서 아빠가 미리 주의를 주었습니다.

파블로는 아빠 말이 모두 옳다는 걸 알고 있었습니다. 그래서 쿠폰을 보낸 뒤 이 일은 완전히 잊기로 다

짐했습니다. 머릿속에 과자 광고가 떠오를 때면 다른 생각을 하기 위해 안간힘을 썼습니다. 물론 그래도 계속 해적선을 가지고 놀고 해적 깃발을 그리며 놀았지만 말입니다. 그리고 물고기와 불가사리 모양의 과자도 계속 먹었습니다. 왜냐하면 과자가 너무 맛있었거든요.

그 뒤로 몇 주가 지났습니다. 파블로는 정말 과자 광고에 대한 일은 다 잊고 있었습니다. 시간이 지나면서 더 많은 시간을 공원에서 뛰어놀긴 했지만, 이제 예전처럼 그렇게 해적선을 많이 그리지 않았습니다.

파블로는 친구들과 공원에서 숨바꼭질을 하거나 미끄럼대에 올라가거나 그네를 탔습니다. 물론 미끄럼대를 타고 내려오기 전에 파블로는 늘 그랬던 것처럼 두 팔을 올리며 이렇게 소리쳤습니다.

"모두 적들의 배를 향해 돌진하라!"

그럴 때면 다른 친구들은 파블로가 바보 같은 말을

한다며 놀렸습니다. 파블로는 이제 해적 놀이는 안 하는 게 나을 것 같다고 생각했습니다.

하루하루가 수도꼭지에서 물방울 떨어지듯 규칙적으로 지나갔습니다. 항상 같은 시간에 일어나서 학교를 가고 학교에서 돌아와서는 밥을 먹고 학원 한두 곳을 갔다 와서는 공원에서 좀 놀다가 간식을 먹었습니다. 어제가 오늘 같고 오늘이 내일 같은 날들이 이어졌습니다. 꽤 빡빡한 계획표였지만 그래도 이미 이런 생활에 익숙해져 그럭저럭 지낼 만했습니다.

그러던 어느 6월의 중순 오후, 믿을 수 없는 일이 일어났습니다!

그날은 화요일이었습니다. 모든 화요일에 그랬던 것처럼, 그날도 파블로는 이웃에 사는 친구 클라라 엄마의 차를 타고 집에 돌아왔습니다. 화요일은 유일하게 엄마가 데리러 오지 않는 날이었습니다. 대신 집에는 할머니가 있었죠.

매주 화요일이면 시골에 사는 할머니가 도시에 사는 파블로의 가족을 보기 위해 왔습니다. 할머니는 하루 종일 손자들과 지냈고 파블로가 좋아하는 피망이 들어간 감자 토르티야* 요리를 해 주었습니다. 어쩌면 그래서 파블로가 화요일을 그렇게 좋아하는지도 모릅니다. 화요일에는 방과 후에 학원에 가지 않기 때문에 날씨가 좋으면 파블로는 할머니와 함께 공원에 갔습니다. 날씨가 나쁘면 영화관에 가거나 도서관에 갔고 간식으로 추로스*를 먹거나 코코아를 마시곤 했습니다.

그날 파블로는 날씨가 좋았기 때문에 당연히 할머니와 공원에 갈 거라고 생각했습니다. 꽤 더운 날씨였지만 할머니는 집 안에 있는 것보다 산책하는 걸 더 좋아했거든요. 할머니는 집 안이 너무 더워서 숨쉬기 힘

* 토르티야: 밀가루나 옥수수 가루를 이용해서 빈대떡처럼 만든 음식으로 속에 야채나 고기를 넣고 싸서 먹는 멕시코 전통 음식.
* 추로스: 밀가루 반죽을 가늘고 긴 막대 모양으로 만들어 기름에 튀긴 과자.

들다고 했습니다. 모든 상황이 파블로에게 유리했습니다. 파블로와 할머니는 공원에 갈 테고 미겔 아저씨네 아이스크림을 사 먹을 게 분명했죠.

'이번엔 뭘 시킬까? 레몬과 민트 맛? 음, 정말 너무 맛있겠다!'

그러나 현관문을 열었을 때 파블로는 알았습니다. 상상했던 것처럼 오늘은 공원에 가지 않을 거라는 걸

말입니다.

이상한 일이 벌어지고 있었습니다. 할머니의 뺨이 마치 어디서 뛰어온 사람처럼 매우 붉어져 있었고 숨도 헐떡거리고 있었습니다. 할머니는 보통 파블로가 학교에 갔다 돌아오면 뽀뽀를 해 주는데 오늘 할머니는 화들짝 놀란 사람처럼 두 팔을 허공에서 허우적거리는 이상한 행동을 했습니다. 마치 달려드는 파리를 쫓고 있는 것처럼 말입니다.

"아이고, 저기 다시 온다! 저 못된 새가 날 못살게 굴고 있어! 저기, 저기……. 저 새 좀 진정시켜 보렴!"

할머니가 소리쳤습니다.

그제서야 파블로는 그 새를 보았습니다. 복도에 파랗고 노란색 깃털을 가진 앵무새가 날개를 퍼드덕거리며 이리저리 날아다니고 있었습니다. 아니, 할머니를 계속 따라다니고 있는 것 같았습니다. 할머니의 회색 머리카락이 마치 자석처럼 새를 끌어당기는 것처럼 말

이지요. 할머니가 강하게 팔을 휘두르며 막지 않았더라면 한참 전에 할머니 머리에 앉아 있었을 기세였습니다. 파블로는 저 새가 도대체 어디서 왔는지 물어보려고 했습니다. 그런데 바로 그때, 복도 끝에 서 있는 수상한 사람의 모습이 얼핏 보였습니다. 파블로는 깜짝 놀라 말을 할 수 없었습니다.

그 사람은 거실 문 쪽에서 빛을 등지고 서 있어 더 위압적으로 보였습니다. 아주 긴 머리는 어깨 밑까지 곱

슬거리며 내려왔습니다. 그러나 키와 어깨 넓이를 보았을 때 여자가 아니라 남자라는 것을 단번에 알 수 있었습니다.

수상한 남자는 계속 소리 지르는 할머니를 향해 큰 걸음으로 성큼성큼 걸어 다가오더니 천둥 같은 목소리로 소리쳤습니다.

"엘리자베스! 할머니한테 덤비면 안 돼! 행동을 바르게 해야 한다고 몇 번이나 말했잖아!"

그러자 앵무새는 몇 번 날갯짓을 하더니 수상한 남

자의 어깨에 사뿐히 걸터앉았고 그 다음에는 거만한 표정으로 파블로를 바라보았습니다.

"럼주, 럼주야, 럼주를 가져와!"

앵무새가 낯선 단어를 반복해서 외쳤습니다.

파블로는 순간 번쩍하며 스치는 생각이 있었습니다.

'럼주는 해적이 많이 마시는 술이잖아. 이런 세상에! 왜 진작 몰랐을까? 저 수상한 남자는 어쩌면 해적일지도 몰라!'

"그렇지만 해적은 세상에 존재하지 않아!"

파블로는 자기도 모르게 큰 소리로 생각을 말해 버리고 말았습니다.

그러자 수상한 남자는 파블로에게 천천히 다가오더니 마치 삼켜 버릴 것 같은 눈초리로 파블로를 노려보며 말했습니다.

"해적이 세상에 존재하지 않는다고? 그러면 난 뭐지? 러시아에서 온 발레리나인가?"

3

 파블로는 수상한 방문자를 위아래로 훑어보았습니다. 발끝에서부터 얼굴까지 천천히 관찰했습니다. 그는 오래 사용한 듯 보이는 낡은 가죽 장화를 신고 있었고 초록색 바지의 허리에는 여러 가지 색깔의 천을 둘러매고 있었습니다. 천 위에는 거대한 버클*이 달린 굵은 가죽 허리띠를 차고 있었습니다. 허리띠에는 오래된 나팔처럼 생긴 총 같은 게 달려 있었고 다른 굵기의 가죽 허리띠를 가슴을 가로지르게 매고 있었습니

---

* 버클: 허리띠 따위를 죄어 고정하는 장치가 되어 있는 장식물.

다. 빨간색 우단 조끼 아래에는 목과 소매에 레이스가 달린 흰색 셔츠를 입고 있었습니다. 셔츠는 그다지 깨끗해 보이지 않았습니다.

  수상한 남자는 옷차림만으로는 의심할 여지없이 해적이었습니다. 오직 해적만이 저렇게 옷을 입을 수 있으니까요. 오직 해적만이 곱슬머리를 늘어뜨리고 머리 한쪽에 매듭이 있는 빨간색 비단 두건을 두를 수 있었습니다. 그리고 저런 구레나룻*과 이상하게 기른 콧수

염, 은색 귀걸이를 할 수 있는 건 오직 해적밖에 없었습니다.

그러나 수상한 남자가 해적처럼 옷을 입지 않았더라도, 파블로는 그가 해적인 줄 알아차렸을 겁니다. 그의 눈빛만 봐도 단번에 해적이라는 걸 알 수 있었습니다. 평범한 사람들은 그런 눈빛을 가지고 있지 않으니까요. 그 남자의 눈빛에는 왠지 모르게 바라보는 사람을 겁먹게 하는 무언가가 있었습니다.

"난 카리베 선장이라고 한다. 네가 날 기다리고 있었을 것 같은데, 부모님께 내가 널 보러 올 거라고 미리 말씀드리지 그랬니? 좀 전에 얘기해 보니 우리 일은 전혀 모르고 계시는 것 같더구나!"

수상한 남자는 파블로를 바라보며 부드러운 목소리로 말했습니다.

* 구레나룻: 귀밑에서 턱까지 잇따라 난 수염.

그제서야 파블로는 현관으로 뛰어나온 부모님을 보았습니다. 엄마와 아빠는 파블로를 어리둥절한 표정으로 바라보고 있었습니다. 도대체 어떻게 된 일인지 설명을 기다리는 듯했습니다. 그렇지만 파블로가 무슨 말을 할 수 있을까요? 파블로는 해적을 집으로 초대한 적이 없었습니다. 파블로는 그가 누구인지 전혀 몰랐습니다.

"선생님, 저, 죄송하지만……. 뭔가 잘못 아신 거 같아요."

파블로가 쭈뼛쭈뼛 말했습니다.

"내가 잘못 알았다고? 그게 무슨 소리니? 너 바보니? 아니면 네 기억력에 내 양말에 난 구멍보다 더 많은 구멍이 있는 거니? 우리 배에 타고 싶다고 신청서를 보낸 건 바로 너잖니. 기억 안 나니?"

카리베 선장은 우렁찬 목소리로 질문을 쏟아 냈습니다. 그런 다음 파블로가 뭐라 대답도 하기 전에 빨간 조끼의 주머니를 뒤져서 많이 구겨진 종이 세 장을 꺼냈습니다. 과자 상자의 쿠폰들이었습니다!

"휴, 좋아! 다시 시작해 보자."

선장은 한숨을 한 번 내쉬더니 애써 침착한 척하며 말을 이었습니다.

"너의 부모님에게 설명이 필요할 테니 내가 자세히 이야기하마. 우리 해적 학교는 학생들을 받는 기준이 매우 엄격합니다. 진심으로 해적이란 직업을 사랑하는 학생들만 받고 있지요. 우리는 이 점에서는 한 치의 양보도 없습니다. 많은 사람들이 해적의 삶이 쉬울 거라고 생각하지만, 절대 그렇지 않지요! 해적의 삶은 매우 힘들고 때로는 엄청난 희생을 요구하거든요."

카리베 선장은 파블로의 아빠와 엄마 그리고 할머니를 번갈아 바라보며 말했습니다. 그런 다음 짙푸른 눈동자를 크게 뜨고 파블로를 뚫어져라 쳐다보았습니

다. 얼마나 무거운 침묵이 맴돌았던지 파리의 날갯짓 소리까지 들리는 듯했습니다. 앵무새도 침묵을 깰 엄두를 내지 못한 듯 잠자코 있었습니다. 선장은 계속해서 말했습니다.

"우리가 중요하게 생각하는 것은 힘이 세거나 몸이 빠른 게 아닙니다. 힘이나 속도는 나중에 훈련을 통해서 충분히 얻을 수 있지요. 그러나 중요한 것은 해적이라는 직업에 맞는 성품과 소질입니다. 우리 해적 학교에서는 해적이 될 만한 성품이 안 되면 절대 학생으로 받지 않습니다."

선장이 말하는 동안 파블로의 얼굴은 점점 더 빨개졌고 가슴은 점점 더 빨리 뛰었습니다. 이제야 상황을 파악하기 시작했습니다.

"그러니까 선장님이 해적 학교를 열고 있다는 말이네요? 그럼 절 받아 주실 건가요? 그러니까 쿠폰을 세 장 모아 보내면 준다는 선물이 바로 이거로군요!"

파블로가 갑자기 질문을 시작했습니다.

"그렇지! 과자 상자에 쿠폰을 넣어 해적 학교를 알리는 건 우리 해적선의 요리사 아브라함 바르바카나의 생각이었지. 새로운 학생들을 받기 위한 좋은 방법이라고 여겼거든. 그리고 그건 정말 괜찮은 생각이었어!"

바로 그때, 파블로의 아빠가 무언가를 말하려 입을

벌렸습니다. 하지만 그 전에 엄마가 먼저 말했습니다.
"저기, 카리베……. 뭐라고 하셨지요? 아무튼 선생님, 죄송하지만요, 지금 벌어지고 있는 이 상황을 가만히 보고만 있을 수 없네요. 해적 학교 광고를 하기 위해서 과자를 사용하다니요! 적어도 과자 포장지에 분명하게 무엇을 광고하는지 알려 주었어야 했어요. 제 생각에 이 모든 게 불법인 것 같군요……."

엄마는 단호한 목소리로 말했습니다.

"아니, 부인, 도대체 절 뭐로 보고 그렇게 말씀하시나요? 우리 해적 학교는 완벽하게 합법적인 학교입니다! 우리는 학생을 모집하기 위한 국제적으로 그리고 국내적으로 필요한 허가서를 모두 가지고 있습니다. 만약 제 말을 믿지 못한다면 직접 와서 보셔도 됩니다."

선장이 화난 목소리로 말했습니다.

"선장님, 죄송해요. 저나 제 아내는 선장님의 말을 못 믿겠다는 게 아닙니다. 그렇지만 이 모든 상황이 우리에게 좀 갑작스럽고 당황스럽다는 건 이해하실 겁니다. 해적 학교라……. 선장님의 학교가 평범하지 않다는 데는 아마 동의하실 겁니다. 선장님이 필요한 모든 종류의 학교 관련 허가서를 가지고 있다는 말은 믿는다고 합시다. 그렇지만 해적은 다른 배들을 덮쳐서 그들의 물건을 빼앗는 일을 하는데 어떻게 허가서를 가질 수 있죠? 그게 바로 해적들이 하는 일 아닌가요?"

파블로의 아빠가 설득하는 말투로 말했습니다.

"세상에! 그건 말도 안 되는 생각입니다. 당신은 요즘 해적들이 무슨 일을 하는지 전혀 모르고 있어요. 지금 우리는 21세기를 살고 있어요. 다른 배의 물건을 빼앗는 건 과거의 일입니다. 벌써 오래 전부터 우리 해적들은 그런 일을 하지 않아요. 이제 우리는 새로운 일을 하고 있어요."

선장은 근엄한 말투로 말했습니다.

"흠……. 제 생각에 그다지 좋은 일을 하실 거 같지는 않은데요."

파블로의 엄마는 못 믿겠다는 표정을 지으며 말했습니다.

"부인, 다시 한 번 잘못 짚으셨네요. 정말 믿기 어려울 정도로 당신들은 해적이라는 직업에 대해 아무것

도 모르고 있군요. 오늘날 우리 해적은 비정부기구, 즉 NGO*에 속해 있습니다."

선장은 목소리를 높이며 말했습니다.

순간 불편한 침묵이 흘렀고 모두들 카리베 선장의 말을 이해하기 위해 귀를 쫑긋 세웠습니다. 파블로의 아빠가 마침내 입을 열었습니다.

"그렇다니 정말 할 말이 없네요. 솔직히 저는 해적에 대해 전혀 몰랐습니다. 그러면 요즈음 해적들은 정확하게 어떤 일을 하죠?"

"우리는 거의 모든 일을 해요. 고래 구출하기, 불법 어망에 걸린 물고기 구출하기, 바다에 쓰레기를 버리는 사람들 추적하기, 무인도의 생태계를 보존하기 위해 지원하기 등등……."

선장은 자랑스럽게 자신의 콧수염을 만지작거리며

---

* NGO: 정부 간의 협정이 아닌, 민간단체가 중심이 되어 만들어진 비정부 국제 조직.

설명했습니다.

"그러면 더 이상 숨겨진 보물을 찾지 않나요?"

파블로가 실망스런 표정으로 질문하자 선장이 매우 진지한 말투로 대답했습니다.

"당연히 그것도 하지. 우리는 골동품들을 밀매*하는 사람들, 유적지를 도굴*하는 사람들과 대항해서 싸우지. 그러나 이제는 그렇게 해서 얻은 보물들을 우리가 갖지 않아. 법에 따라 해당 국가에 넘겨준단다. 대신 그 일에 대한 보수를 받지. 사실 예전만큼 재미있지는 않아!"

선장은 한숨을 쉬며 말했습니다.

선장이 해적이라는 직업에 대해 길게 설명하는 동안 파블로는 생각에 잠겨 선장을 관찰했습니다. 파블로가 느끼기에는 선장이 파블로 부모님의 동의를 얻기 위해

* 밀매: 거래가 금지된 물건을 몰래 팖.
* 도굴: 법적 수속이나 관리자의 승낙을 받지 않고 고분 따위를 파거나 광물을 캐냄.

해적의 긍정적인 면을 과장해서 설명하는 것처럼 보였습니다. 어쩌면 말하는 것과는 달리 재미있는 일을 할 수도 있었습니다. 파블로는 럼주를 좋아하냐고 물어보기 직전까지 갔지만 참았습니다. 파블로의 부모님은 만약 선장이 술을 좋아한다는 걸 알면 절대로 아들을 해적 학교에 보내지 않을 테니까요.

"자, 그럼 어떻게 하시겠어요? 더 이상 저희 해적 학교에 대해 궁금한 점이 없을 것 같은데요."

선장은 결정을 내리기를 재촉했습니다.

파블로의 부모님은 서로를 어리둥절한 표정으로 바라보았습니다. 정말 이런 상황을 어떻게 받아들여야 할지 혼란스러웠습니다.

"어떻게 하지?"

파블로의 아빠는 혼잣말을 하며 잠시 생각하더니 선장에게 물었습니다.

"파블로가 해적 학교에 들어가면 정확하게 무엇을 배우나요?"

"여러 나라를 여행할 테고, 항해하는 법과 바다와 생물에 대한 전반적인 지식을 배울 겁니다. 우리는 학생들에게 새와 물고기의 이름을 가르쳐 줄 것이며 공룡 발자국과 고대 문명의 유적지를 보여줄 겁니다. 그밖에도 많은 것들을 가르치지요!"

선장은 눈썹을 추켜세우며 말했습니다.

"괜찮게 들리네요. 하지만 우리 아들에게 어떤 위험한 일도 일어나지 않을 거라고 약속할 수 있나요?"

파블로의 엄마가 걱정스러운 목소리로 물었습니다.

"부인, 저는 그런 건 약속할 수 없습니다."

선장은 위엄 있는 말투로 말했습니다.

"살다 보면 항상 예상치 못한 일들은 일어나는 법입니다! 도로를 건너고 자동차를 타고 이동하는 것도 따지고 보면 모두 위험합니다. 그렇다고 해서 우리가 평생 집에만 있는 건 아니지 않습니까?"

다시 한 번 무거운 침묵이 깔렸습니다.

선장의 앵무새는 할머니의 머리에 앉을 틈을 찾기 위해서 계속해서 할머니만 뚫어지게 바라보고 있었습니다.

"파블로, 넌 어떻게 생각하니? 넌 해적 학교에 가고 싶니?"

할머니는 앵무새는 상관하지 않고 파블로에게 물었습니다.

파블로는 다시 가슴이 빨리 뛰는 것을 느꼈습니다.

얼마나 쿵쾅쿵쾅 빨리 뛰던지 곧 터질 것 같았습니다.

"당연히 전 가고 싶죠!"

파블로는 감정에 복받쳐 목소리가 떨려 나왔습니다.

파블로의 엄마는 한숨을 쉬었고 아빠는 마지못해 이렇게 말했습니다.

"그렇다면 좋습니다! 파블로를 선장님의 학교에 등록시키겠어요."

선장은 웃으며 아빠의 손을 덥석 잡았습니다.

4

 이틀 뒤, 파블로는 카냐플로리다 항구에서 부모님과 작별 인사를 했습니다. 노 젓는 작은 배 한 척이 항구 근처 바다에 머물러 있는 카리베 선장의 배까지 파블로를 데리고 가기 위해서 기다리고 있었습니다. 부두에서 보니 카리베 선장의 배는 그다지 커 보이지 않았습니다. 하얀 돛이 햇빛에 반짝이고 있었고 주 돛대에는 작고 검은색 깃발이 펄럭이고 있었습니다.

 "파블로, 조심하거라! 밤에 이불 잘 덮고 자고! 말썽 피우면 안 된다!"

 엄마가 파블로 점퍼의 지퍼를 목까지 올려 주며 말

했습니다.

"무슨 일이 생기면 언제든지 집으로 전화하고."

아빠가 파블로를 안아 주며 덧붙였습니다.

해적 학교에서는 휴대폰 사용이 금지되어 있었지만 파블로는 부모님이 더 걱정할까 봐 그 말은 하지 않기로 했습니다.

노 젓는 배에는 긴 구레나룻의 선원이 기다리고 있었습니다. 그는 해골이 달려 있는 목걸이를 하고 있었습니다.

"난 데메트리오야. 그렇지만 친구들은 모두 날 '코르모란'이라고 부르지."

배에 올라타자 파블로에게 선원이 인사하며 말했습니다.

"자, 준비 다 됐니? 작별 인사는 끝난 거지? 그럼 이제 앞으로 전진!"

부두에 서 있던 부모님의 모습은 조금씩 작아지기

시작했습니다. 코르모란은 휘파람으로 경쾌한 노래를 부르면서 힘차게 노를 저었습니다. 파블로는 공기에서 해초 냄새와 섞인 짭짜름한 바다 냄새를 맡게 되자 어찌나 흥분되던지 자리에 가만히 앉아 있을 수 없었습니다. 자기도 모르게 벌떡 일어서고 말았습니다.

"가만 좀 있어라, 얘야! 배가 뒤집어지겠다. 조금만 참아. 15분 정도면 도착할 거야."

코르모란이 미소를 지으며 말렸습니다.

파블로는 앞으로 자신의 학교가 될 해적선을 더 잘

보기 위해 그 자리에 그대로 서 있었습니다. 배는 점점 가까워지고 있었습니다.

"배 이름이 뭐예요? 선장님이 얘기를 안 해 주셨는데……."

파블로가 물었습니다.

"우리 배 말이니? 바라쿠다* 호야. 바라쿠다가 무슨 뜻인지 알고 있니?"

"전혀 모르겠는데요. 뭐예요?"

파블로가 머리를 저으며 말했습니다.

"바라쿠다는 물고기의 한 종류인데 항해하게 되면 곧 보게 될 거야. 계속 이렇게 순풍이 불어 준다면 우리는 곧 항해를 시작할 수 있을 거다!"

코르모란은 설명을 한 뒤 잠자코 노만 저었습니다. 파블로는 파도가 칠 때마다 하얀색 거품이 일어나는

---

* 바라쿠다: 농어목 꼬치고깃과에 속하는 어류. 세계적으로 20여 종이 있으며 성격이 포악하여 상어보다 위협적인 어류로 생각하는 사람들도 있다.

초록색 바다를 멍하니 바라보았습니다.

잠시 후 코르모란이 말했습니다.

"자, 이제 거의 다 왔다. 다른 사람들을 만날 준비가 되었니?"

바라쿠다 호에 올라온 뒤 첫인상은 아주 혼잡스러워 보인다는 것이었습니다. 모두들 무엇인가를 하고 있는 것처럼 보였습니다. 몇 명은 창고에 큰 자루를 넣고 있었고, 어떤 사람들은 갑판을 닦고 있었습니다. 다른 사람들은 밧줄과 갈고리를 가지고 주 돛대로 올라가고 있었고, 어떤 사람들은 대포를 윤이 나게 닦고 있었습니다.

"항해를 시작하기 전에는 항상 할 일이 산더미같이 많지. 저기 셀림이 오는구나! 우리 해적 학교의 학생이지. 셀림! 얘는 신입생인 파블로란다. 네가 다른 학생들에게 이 아이를 소개시켜 주렴. 나는 일이 있어서 가 봐야 해."

코르모란은 셀림이라 불린 소년에게 파블로를 소개해 준 뒤 안쪽으로 걸어갔습니다. 셀림은 친절한 표정으로 파블로를 쳐다보았습니다. 그는 검은색의 곱슬머리를 가졌고, 머리에 초록색 두건을 두르고 있었습니다. 파블로보다 약간 키가 작았지만 진짜 해적처럼 보였습니다.

"바라쿠다 호에 온 것을 환영해. 내가 다른 학생들을 소개시켜 줄게. 선생님들은 차차 알게 될 거야. 저기 단검의 날을 갈고 있는 소녀 보이니?"

셀림이 미소 지으며 말했습니다.

"꽃무늬 두건을 하고 있는 소녀 말이지? 응, 보여. 저 아이 이름은 뭐니?"

"베아트리스야. 항상 농담하는 것을 즐기지. 베아트리스와 함께 있는 여자아이는 마야라고 불러. 마야는 해적이 되기 전에 발레를 했대. 그래서 놀라운 점프력을 가지고 있어."

셀림은 두 소녀에게 손으로 인사를 했고, 두 소녀도 손을 들어 보였습니다.
　바로 그때 한 소년과 소녀가 화약 자루를 들고서 그들에게 다가왔습니다. 소년은 밀짚 색깔의 머리를 가졌고 귀에는 진주 귀걸이를 하고 있었습니다. 소녀는 주근깨가 있었고 빨간색과 보라색의 넓은 깃털이 달린 모자를 쓰고 있었습니다.
　"로이와 페넬로페를 소개해 줄게. 얘들아, 얘는 신입

생 파블로야."

셀림이 말했습니다.

페넬로페와 로이는 파블로와 따뜻하게 악수를 나눴습니다.

"시간 맞춰 잘 왔구나! 우리는 오늘 오후에 출발할 예정이었어."

페넬로페가 말했습니다.

"선장님이 새로운 임무를 가져왔어. 우리는 보물을 찾으러 남쪽 바다로 갈 거야."

그 말을 듣자 파블로는 얼굴에 열기가 피어오르는 것을 느꼈습니다. 보물을 찾는다니! 파블로는 너무 흥분해서 말을 하기도 힘들었습니다. 로이와 페넬로페는 그 모습을 호기심 어린 눈으로 쳐다보았습니다.

그때 누군가가 파블로의 등을 때렸습니다. 너무 세게 때려서 거의 쓰러질 뻔했습니다. 그의 등을 때린 사람이 걸걸한 목소리로 말했습니다.

"이런! 새로운 수습 선원이 온 건가?"

그는 아주 키가 크고 덩치가 큰 사람이었습니다. 오랫동안 면도를 하지 않은 듯 보였고 왼쪽 뺨에는 큰 상처가 있었습니다. 그가 멀어져 가자 셸림이 파블로에게 속삭였습니다.

"저 사람은 생존 과목을 가르치는 카라코르타다 선생님이야. 저 선생님 앞에서는 조심하는 게 좋아. 매우 거칠고 차가운 사람이거든! 사람들이 그에겐 심장이 없을 거라고 말하지."

"그것 참 바보 같은 소리구나!"

그들 뒤에서 누군가 말을 걸었습니다. 셸림과 파블로가 몸을 돌려 보니 파블로보다 키가 약간 큰 소녀가 서 있었습니다. 소녀는 검은색 곱슬머리에 주름이 잡힌 하얀색 치마를 입고 있었습니다. 허리에는 자그마한 금빛 칼을 차고 있었고 목에는 여러 색깔의 목걸이를 하고 있었습니다.

"소개해 줄게. 이 친구는 선장님의 딸인 에스트레야라고 해. 에스트레야, 얘는 파블로야."

에스트레야는 눈을 살짝 내리깔고 파블로를 살펴보았습니다. 그녀는 아주 예쁜 초록색 눈을 가지고 있었습니다.

"세상 그 누구도 심장 없이 살 수는 없어. 카라코르타다도 마찬가지지. 그건 어린아이라도 알고 있을 거야!"

에스트레야가 단호하게 말했습니다.

"그냥 말이 그렇다는 거지. 카라코르타다는 돌처럼 딱딱한 심장을 가지고 있을 거라는 말을 그렇게 표현한 거라고."

셀림이 변명했습니다.

"그 말도 역시 바보 같은 소리군. 심장은 절대 돌처럼 딱딱할 수 없어."

에스트레야가 말했습니다.

셀림은 당황스럽다는 듯이 머리를 긁었습니다.
"흠, 어떻게 설명을 해야 하나. 잘 들어 봐. 심장은 감정 기관이야. 그래서 누군가 차갑거나 냉정한 마음을 가지고 있으면 사람들은 흔히, '저 사람 심장이 돌로 만들어졌나 보네.'라는 표현을 사용하지."
셀림이 설명했습니다.
"내 생각에도 그 표현은 말이 안 되는 것 같아. 나는 사실 심장이 마음과는 상관없이 사용된다고 생각하거든……."
파블로가 작은 목소리로 끼어들었습니다.
"그렇지만 사람들은 마음이 고운 사람을 보면, '그 사람 참 따뜻한 심장을 가졌네.'라고 표현하잖아!"
셀림이 약간 화를 내며 말했습니다.
"저기 마침 스카이올라 박사님이 오시네. 박사님에게 물어보면 되겠다."
에스트레야가 말했습니다.

5

스카이올라 박사는 곱슬머리를 어깨까지 내려오도록 기르고 있었고 항상 생각에 잠겨 있었습니다. 그는 오늘도 하늘을 쳐다보면서 갑판 위를 걷고 있었습니

다. 그런데 무언가 딴생각을 하고 있었던지 셀림과 부딪쳤고 거의 넘어질 뻔했습니다.

"박사님, 질문 있어요. 마음이 차가운 사람들은 돌로 된 심장을 가지고 있나요?"

에스트레야가 팔짱을 끼고 박사를 똑바로 쳐다보며 물었습니다.

스카이올라 박사는 하늘을 쳐다보는 것을 멈추고 에스트레야를 바라보았습니다.

"세상의 모든 사람들은 똑같이 부드럽고 말랑말랑한

심장을 가지고 있단다."

"그러면 심장은 감정의 기관이 아니란 말인가요?"

셀림이 실망한 목소리로 물었습니다.

"옛날 사람들은 그렇다고 믿었단다. 그러나 이제는 그렇지 않다는 것을 알게 되었지. 감정이나 생각, 기억을 다스리는 기관은 여러분이 알고 있듯이 심장이 아니라 머릿속에 있는 뇌란다."

스카이올라 박사는 신중한 태도로 대답했습니다.

"그렇더라도 심장 역시 중요한 것이지요? 심장이 없으면 살 수가 없잖아요."

셀림이 주장했습니다.

"당연히 중요하지. 심장은 모든 생물이 필요로 하는 산소와 영양분을 공급하기 위해 우리 몸의 모든 기관에 피를 공급하거든."

스카이올라 박사가 머리를 끄떡이며 동의했습니다.

박사의 설명을 들으면서 파블로는 얼굴이 있고 손이

있는 심장을 상상해 보았습니다. 두 손에 물뿌리개를 들고 있는 심장의 모습을 말입니다. 물론 물뿌리개에서는 붉은색의 피가 나오고 있었습니다. 하지만 곧 파블로는 머리를 흔들어 그 상상을 지워 버렸습니다. 바보같이 느껴졌거든요.

"박사님, 어떻게 심장이 그런 일을 할 수 있죠?"

이번에는 파블로가 질문했습니다.

스카이올라 박사는 자신을 바라보는 아이들을 둘러보더니 페넬로페에게 자기 방에 가서 사람의 심장을 자세히 그려 놓은 해부도*를 가져오라고 시켰습니다. 페넬로페는 얼른 뛰어가서 해부도를 가져왔습니다.

스카이올라 박사는 해부도를 아이들이 잘 볼 수 있도록 펼쳐 세운 뒤, 설명을 시작했습니다.

"잘 들어라, 얘들아. 너희가 보는 것처럼, 심장은 안

---

* 해부도: 생물의 내부 구조를 세밀하게 나타낸 그림.

이 비어 있고 그 속에는 피가 가득 들어 있단다. 심장 안에 피가 가득 차면 심장의 벽이 수축*한단다. 그러면 그 안의 피는 동맥이라고 불리는 관을 통해 밖으로 나가게 되지. 물이 가득한 풍선을 누르면 물이 어떻게 되지? 밖으로 나가지?"

박사가 묻자 주변에 빙 둘러 앉아 있던 아이들은 고개를 끄떡거렸습니다.

"물이 가득 들어 있는 풍선이라고 하시니 금방 이해가 가네요. 그런데 누가 심장의 벽을 눌러서 피가 밖으로 나가게 만들지요?"

에스트레야가 생각에 잠겨 있다 질문했습니다.

스카이올라 박사는 에스트레야의 말을 듣고 기특하다는 표정을 짓더니 밧줄 더미 위에 앉아 검은색 모자를 벗었습니다. 갑판 위는 무척 더웠습니다.

---

* 수축: 근육 따위가 오그라듦.

"그것 참 좋은 질문이구나! 심장은 근육*이긴 한데, 스스로 수축할 수 있도록 특별하게 만들어진 기관이지. 흠……. 옳지! 이렇게 말하면 너희가 쉽게 이해할 수 있겠구나. 심장은 스스로 자기 자신을 누를 수 있는 근육이란다."

"아! 저는 근육이 무엇인지 알아요. 근육은 팔에, 다리에 그리고 얼굴에 있어요. 우리 몸 전체에 있으면서, 우리가 움직이도록 만들어 주는 기관이에요. 내가 손가락을 올리면 나는 손가락의 근육을 움직이는 거예요."

에스트레야가 잘난 척하며 말했습니다.

"그러면 그건 심장하고 똑같은 게 아니네. 네가 원한다고 심장을 뛰게 할 수는 없어. 손가락을 자유롭게 움직이는 것과는 달라."

* 근육: 힘줄과 살을 통틀어 이르는 말로, 동물의 운동을 맡은 기관.

파블로가 끼어들며 말했습니다.

에스트레야는 화가 나서 파블로를 쳐다보았습니다. 그녀의 눈은 '네가 감히 내 말에 반대를 하는 거니?'라고 말하는 것처럼 보였습니다.

그러나 스카이올라 박사는 파블로의 말에 기쁜 표정을 지으며 고개를 끄덕거렸습니다.

"파블로의 말이 맞다. 심장은 근육이지만 다른 근육과는 다르다. 우리가 원한다고 뛰거나 멈추지 않는

다. 심장은 뇌의 명령을 받아 스스로 규칙적으로 움직이거든. 대략 1분에 70번 정도 수축을 한단다. 그렇게 해서 피가 온몸의 기관에 돌아다니게 만들지. 일종의 펌프*처럼 작동한다고 생각하면 된다."
스카이올라 박사가 자세히 설명했습니다.
"1분에 70번이라고요? 세상에!"

＊펌프: 압력을 통해 액체, 기체를 빨아올리거나 이동시키는 기계.

에스트레야가 놀라워하며 말했습니다.

"그게 바로 심장의 박동이란다. 얘들아, 가슴의 약간 왼쪽에 손을 올려 보렴. 심장 박동을 느낄 수 있을 거야."

스카이올라 박사가 계속 설명했습니다.

아이들이 자기 가슴에 손을 대자 리듬감 있게 뛰는 심장 박동을 느낄 수 있었습니다. 스카이올라 박사도 마찬가지로 자신의 가슴에 손을 올렸습니다.

"하지만 가끔은 심장이 평소보다 더 빨리 뛰지 않

나요? 예를 들어, 우리가 어떤 것에 감동했을 때나 초조해할 때요."

잠시 후에 셀림이 물었습니다.

"맞다. 너희가 운동을 할 때도 빨리 뛰지. 그런 순간에는 우리 몸의 기관들이 보통 때보다 더 많은 일을 해야만 하지. 그래서 더 많은 양의 영양분과 산소를 필요로 한단다. 그리고 그것을 얻으려면 더 많은 피가 필요하지. 그래서 그럴 때면 심장은 더 급하게 더 많은 피를 빨리 움직이며 펌프질하는 거야."

박사는 즐거운 마음으로 설명했습니다.

"그러면 심장은 더 빨리 움직여야 한다는 것을 어떻게 알 수 있지요?"

파블로가 물었습니다.

"그건 말이다, 심장은 신경* 조직으로 이루어진 신경계로부터 그 신호를 전달 받는단다. 신경이 빨리 움직이라는 지시를 하면 심장은 더 열심히 움직이기 시작하는 거지. 그걸 확인하고 싶니? 그럼 여기서 잠시 뛰다가 멈춘 다음, 네 가슴에 손을 대 보렴. 손목에 손가락을 대 봐도 알 수 있지."

박사는 자신의 손목의 한 지점을 가리키며 말했습니다.

"여기 이게 바로 동맥이란다. 동맥은 피가 앞으로 나갈 수 있도록 심장과 같은 리듬으로 수축 운동을 하지. 동맥 위에 손가락을 대고 맥박*을 세어 보렴. 맥박이 빠르거나 강하고 약하게 뛰는 것에 따라 심장의 상태를 알 수 있단다."

아이들이 박사의 말에 따라 갑판에서 잠시 동안 뛰어다니자 해적들은 잠시 관심을 보였습니다. 아이들은

---

* 신경: 신경 세포의 돌기가 모여 결합 조직으로 된 막에 싸여 끈처럼 된 구조. 뇌와 척수 그리고 우리 몸 각 부분 사이에 필요한 정보를 서로 전달하는 구실을 한다.

* 맥박: 심장의 박동으로 심장에서 나오는 피가 얇은 피부에 분포되어 있는 동맥의 벽에 닿아서 생기는 주기적인 파동.

곧 다시 자리에 앉아 조용히 자신들의 맥박을 재어 보았습니다.

1분이 지나자 파블로가 말했습니다.

"102번!"

"나는 105번! 정말 굉장하네!"

에스트레야가 외쳤습니다.

"심장은 지치지 않나요? 그 정도 속도라면 지칠 것 같은데요."

셀림이 물었습니다.

"병들지만 않았다면 절대로 지치지 않는단다. 심장은 우리가 태어나서 죽을 때까지 계속해서 멈추지 않고 뛰어야만 한다. 심장이 멈춘다면 우리의 내장* 기관은 산소도 영양소도 공급받지 못할 테고 그럼

---

* 내장: 척추동물의 가슴 안이나 배 안에 있는 여러 가지 기관을 통틀어 이르는 말. 위, 창자, 간, 콩팥, 이자 따위가 있다.

우린 죽게 되지."

스카이올라 박사가 설명했습니다.

박사와 아이들이 심장 이야기를 나누고 있을 때, 언제부터인가 카리베 선장이 다가와 이야기를 듣고 있었습니다. 선장은 대화 내용에 매우 흥미를 보였습니다. 그리고 박사의 설명이 끝나자 선장은 오른손 검지로 머리카락을 말아 올리며 이렇게 중얼거렸습니다.

"믿을 수 없는 일이군. 그런 생각은 한 번도 하지 못했는데……."

"선장님이 이런 얘기에 관심을 보이시니 의외네요. 평소에는 내가 설명해도 잘 듣지 않았는데."

박사는 믿을 수 없다는 표정으로 선장을 쳐다보며 말했습니다.

대답을 하기 전에 선장은 윗도리 주머니에서 몹시 낡아 보이는 종이를 한 장 꺼내 펼쳐 보였습니다.

"무슨 소리세요? 나는 박사의 이야기에 늘 관심이 많

아요. 특히 지금은 더요! 왜냐하면 우리는 곧 심장 안으로 여행을 할 거거든요. 박사, 내 말이 믿기지 않으면 이 지도를 한번 보세요."

선장이 목소리를 낮추며 말했습니다.

스카이올라 박사는 허리에서 확대경을 꺼내 지도를 자세히 살펴보기 시작했습니다.

그런 다음 아이들에게 그 지도를 건네주었고, 아이들은 뚫어져라 지도를 살펴보았습니다.

"이 지도는 정말 심장 그림처럼 보이는군요. 도대체 이건 무슨 지도입니까?"

다시 지도를 받은 스카이올라 박사가 물었습니다.

"그 지도는 '심장 동굴'에 대한 것입니다. 그곳에 유명한 해적 선장인 사피르의 보물이 묻혀 있습니다."

사피르의 이름을 듣자마자 스카이올라 박사의 얼굴이 창백해졌습니다.

6

"선장, 어떻게 이 지도를 얻게 된 겁니까? 혹시 사피르가 이 사실을 알게 된다면……."

"사피르 선장은 죽었고 그의 상속자들이 사피르의 물건을 팔기로 결정했죠. 상속자들은 그의 모든 물건을 2주일 전에 부카네로 시장에 내놓았어요. 그날 마침 우리 요리사 바르바카나가 사피르의 요리 비법이 적힌 공책을 사러 갔습니다. 사피르의 요리 공책은 파에야*와 치즈 케이크로 유명했었기에 바르바

---

* 파에야: 프라이팬에 고기, 해산물, 채소를 넣고 볶은 후 물을 부어 끓이다가 쌀을 넣어 익힌 스페인의 전통 요리.

카나는 그 비법을 알고 싶었거든요. 그런데 거기서 훨씬 더 큰 비밀을 알게 되었습니다."

선장이 자세히 상황을 설명했습니다.

"어떤 비밀이요?"

모두가 동시에 외쳤습니다.

"요리 공책의 표지에 이 지도가 숨겨져 있었단다. 바르바카나는 꽃 그림이 있는 표지가 마음에 들지 않아서 그것을 찢어 버렸고, 그 바람에 지도를 발견했지. 지도 뒤에 적힌 글을 읽어 보렴. '피에드라우에카 섬에 있는 사피르의 보물에 대한 비밀 지도.'라고 적혀 있지? 이보다 확실한 보물 지도는 없을걸."

선장이 대답했습니다.

선장의 말에 갑판에 모인 사람들은 흥분에 휩싸였습니다. 그러나 해적 사피르에 대한 이야기를 한 번도 들어 본 적이 없는 파블로는 그렇지 않았습니다.

"그 사람이 누구야? 왜 모두들 이 이야기에 그렇게

흥분하는 거지?"

파블로는 에스트레야에게 물었습니다.

"사피르는 아주 유명한 해적이었어. 그는 귀족처럼 우아하고 화려하게 꾸미고 다녔는데, 특히 보석에 대한 사랑으로 유명한 인물이었지. 사피르는 항상 진주 목걸이, 루비 귀걸이, 에메랄드 팔찌를 하고 다녔어. 한 손이 갈고리로 되어 있었는데, 그것도 쇠가 아니고 금으로 만들어진 것이었어. 사람들은 사피르가 어떻게 해서 그렇게 많은 보물을 갖게 되었는지 궁금해했지만 아무도 그 이유를 알 수가 없었어. 그래서 막연하게 그가 많은 보물을 숨기고 있었을 거라고 믿고 있었지."

에스트레야가 설명해 주었습니다.

"죽기 얼마 전에는 루비를 가지고 많은 거래를 했단다. 그래서 누군가는 그가 루비 광산을 가지고 있을지도 모른다고 말했지. 어쩌면 이 지도가 그 루비 광

산에 대한 것일지도 몰라."

선장이 끼어들었습니다.

"그게 사실인지 알아보려면 우리가 그곳에 가서 조사하는 방법밖에 없네요!"

셀림이 말했습니다.

"그렇지! 그런데 문제가 있단다. 너희가 본 것처럼 그 동굴은 심장의 모습을 하고 있고, 4개의 방으로 나누어져 있지."

선장이 말했습니다.

"동굴이 인간의 심장과 똑같이 생기다니……. 정말 놀라운 일이야."

박사가 고개를 흔들며 말했습니다.

"맞아요. 그렇기 때문에 우리는 그 동굴을 탐험하기에 앞서 미리 심장에 대해 자세하게 연구하는 것이 필요해요. 나는 우리의 심장 동굴 탐험에 조금도 문제가 생기지 않기를 바라고 있어요. 내가 알고 있는 사피르라면, 분명히 동굴 여기저기에 함정을 준비했을 테니까요."

선장이 신중한 말투로 설명했습니다.

이렇게 바라쿠다 호의 모든 사람들에게 사피르 선장의 보물 지도를 공개한 뒤, 선장은 카리브해에 위치한 작은 섬인 피에드라우에카를 향해 배를 돌렸습니다. 순풍이 불고 있었기에 2주일 후면 그 섬에 도착할 것으로 예상되었습니다. 모든 돛을 활짝 펼친 바라쿠다 호는 파도 위를 날아가는 하얀 새처럼 빠른 속도로 움직였습니다. 파블로는 약간 멀미를 하기는 했지만, 한 번도 이렇게 아름다운 풍경을 본 적이 없었기에 참고 견뎠습니다.

2주 후, 섬에 도착하자 선장은 해변에서 약간 떨어진 곳에 닻을 내려 배를 머무르게 하고 긴급회의를 소집했습니다. 모든 해적들과 해적 학교 아이들이 모였

습니다. 파블로는 아직 대화를 나눠 보지 못한 사람들이 일부 있기는 했지만, 이제는 모든 사람들의 얼굴은 알고 있었습니다.

모두들 갑판에 앉았습니다. 스카이올라 박사는 보물 지도를 펼쳐서 심장 해부도 옆 코르크로 된 판에 압정으로 고정시켰습니다. 그래서 모든 사람이 그 지도를 볼 수 있었습니다.

"스카이올라 박사가 심장에 대한 여러 가지 사실을 우리에게 알려 줄 것이다. 잘 듣고 연구하면 우리가 어디를 통해서 동굴로 들어가고 그 안에서 어떻게 길을 찾을 수 있을지 알게 될 것이다."

선장이 엄숙하게 말했습니다.

긴장된 침묵이 흐르는 가운데 스카이올라 박사는 가벼운 기침을 하면서 설명을 시작했습니다.

"여러분도 알다시피 사피르의 보물이 있는 동굴은 인간의 심장과 같은 모양을 가지고 있습니다. 인간의 심장은 두 부분으로 나누어져 있고 그 두 부분은 서로 연결되어 있지 않아요. 그리고 각각의 부분은 다시 두 개의 방으로 나뉘어지지요. 왼쪽 절반은 항상 빨간색으로 표시되는데, 그곳을 통해서는 깨끗하고 산소가 가득한 피가 우리 몸을 순환*하고 있습니다."
"하지만 지도에는 오른쪽 반이 빨간색인데요?"
요리사인 바르바카나가 손을 들고 궁금한 점을 물었습니다.
"그건 거울을 볼 때와 똑같은 것입니다. 거울에 비친 모습을 보면 여러분의 왼손이 오른쪽에 있지요. 똑같은 원리입니다."
스카이올라 박사가 설명했습니다.
"왜 심장의 절반은 항상 빨간색으로 표시되지요?"
파블로가 용기를 내서 물어보았습니다.

---

* 순환: 주기적으로 자꾸 되풀이하여 돎.

"피가 산소를 운반할 때는 아주 빨간색으로 변하기 때문이지요. 하지만 이제 내 말을 그만 막고 계속 설명할 수 있게 해 주세요. 그러면 다들 이해하게 될 겁니다."

박사가 짧게 대답하고 설명을 이어갔습니다.

"여러분들에게 말한 것처럼 빨간색으로 보이는 심장의 왼쪽 절반을 통해 깨끗한 피가 순환을 하지요. 폐를 지나온 피는 산소를 가득 채우고 왼쪽 위쪽 방, 즉 '좌심방'으로 들어옵니다. 그다음 이 피는 아래쪽 방, 즉 '좌심실'로 내려가고 이 방은 수축을 하면서 깨끗한 피를 우리 몸에서 가장 큰 혈관인 대동맥으로 보냅니다."

모두들 이 내용을 전부 암기라도 하려는 듯이 아주 집중해서 듣고 있었습니다.

"대동맥은 더 작은 혈관으로 나누어지고, 이곳을 통해 깨끗한 피가 온몸으로 순환됩니다. 그렇게 해서 여러 기관에 도착하면 깨끗한 피는 산소와 영양분을 그곳에 남겨 두고 그 기관에서 생긴 찌꺼기, 즉 노폐물*을 운반합니다. 그러면 피는 빨간색을 잃고 탁한 보라색으로 변합니다. 이 피는 노폐물을 운반하면서 몸의 다른 혈관, 다시 말해 정맥이라고 불리는 혈관을 통해 심장으로 돌아옵니다. 정맥을 통해 움직이는 피는 대정맥이라는 더 굵은 혈관을 통해 더러운

* 노폐물: 생체 내에서 생성된 대사산물 중 생체에서 필요 없는 것. 날숨, 오줌, 땀, 대변 따위에 섞여 몸 밖으로 배출되거나 배설된다.

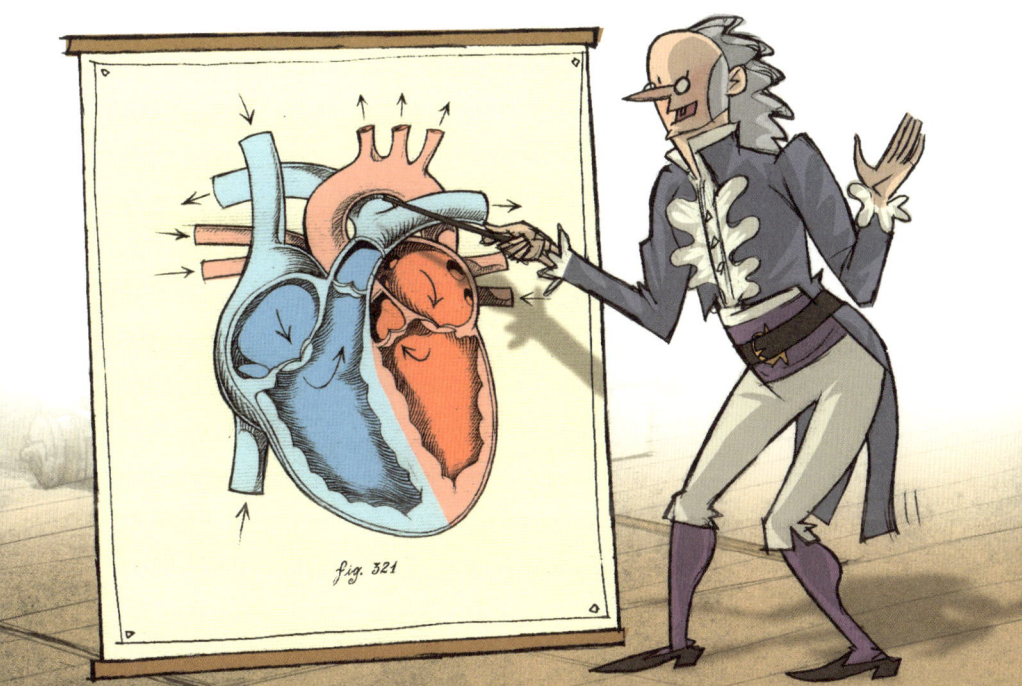

fig. 321

피를 심장으로 보냅니다."

"정말 오른쪽은 더 이상 빨간색이 아니네요……."
셀림이 중얼거렸습니다.

"빨간색이 아니고 보라색이지요. 그림에서는 파란색으로 표시를 합니다. 그리고 이 피는 심장의 왼쪽으로는 가지 않고 오른쪽으로 갑니다. 보이지요? 위쪽인 '우심방'으로 들어와서 아래쪽 방인 '우심실'로 들어갑니다. 그 방은 다시 수축을 하면서 더러운 피를 폐동맥이라고 부르는 다른 혈관을 통해서 폐로 보냅니다. 폐에서 더러운 피는 찌꺼기 가스를 버리고 산소를 담아서 다시 깨끗한 피로 변화합니다."

"그리고 그 피는 다시 심장으로 돌아오는 것이군요."
로이가 고개를 끄덕이며 말했습니다.

"바로 심장의 왼쪽으로요!"
카라코르타다가 결론을 내리듯 외쳤습니다.

"그러니까 심장이 뛸 때마다 왼쪽에서는 깨끗한 피

를 온몸의 기관으로 보내고 심장의 오른쪽은 더러운 피를 폐로 보내서 깨끗하게 만든다는 말이네요."
에스트레야가 정리했습니다.
"그렇단다. 깨끗한 피는 절대로 더러운 피와 섞이지 않지. 그래서 심장의 두 부분은 절대로 연결되지 않는 것이란다."
박사가 덧붙여 설명했습니다.
"다 좋아요, 좋은 설명이었어요. 그런데 이게 우리의 심장 동굴 탐험에 어떻게 도움이 되는 거죠?"
선장이 인내심을 잃고 말했습니다.
"여러분이 보는 것처럼 사피르의 보물 지도에 나와 있는 동굴도 빨간색인 왼쪽과 파란색인 오른쪽이 서로 나누어져 있습니다. 우리는 왼쪽의 윗부분을 통해서 들어갑니다. 거기에서 아래쪽 방으로 들어가고 대동맥처럼 생긴 이 터널로 들어가서 모든 작은 방들을 탐험할 겁니다. 그리고 동굴의 오른쪽으로 돌아오게 됩니다. 그곳에서 우리는 다른 터널을 통해 폐처럼 보이는 이 바위들이 있는 곳으로 간 후에 동굴의 왼쪽으로 다시 돌아옵니다. 그렇게 하면 우리는 밖으로 나올 수 있을 겁니다."

스카이올라 박사가 지도를 손으로 짚으며 설명했습니다.

"터널 안에는 무엇이 있을까? 진짜 피는 없었으면 좋겠는데……."

심장 동굴로 가기 위한 작은 배가 내려지는 동안 셀림이 파블로에게 말했습니다.

"어쩌면 진짜 보물이 있을지도 몰라!"

파블로가 흥분해서 속삭였습니다.

30분 후, 드디어 작은 배들이 피에드라우에카 섬의 해변에 도착했습니다. 해적들은 해변을 따라 걷다가 밀림을 통과해 몇 킬로미터를 걸어간 후에 심장 동굴 입구에 도착했습니다.

"모두 들어가는 것은 위험하니 몇 명만 들어가자. 박사는 안내를 해야 하니 나와 함께 가고, 바르바카나는 지도의 주인이니 함께 가자. 그리고 아이들 중에서는……. 에스트레야는 당연히 가야겠지."

선장이 말했습니다.

에스트레야는 우쭐해하며 다른 아이들을 쳐다보았습니다. 파블로는 선장의 딸이라는 이유로 특별 대우를 받는 것은 옳지 않다고 생각했습니다.

"베아트리스와 셀림 그리고 파블로가 우리와 함께 간다. 나머지는 우리에게 위험이 없다는 것을 확인한 후에 들어가도록 한다."

선장이 명령을 내렸습니다.

7

　동굴로 들어가는 입구는 낮고 좁았지만 일단 안으로 들어가니 꽤 커다란 터널이 이어져 있었습니다. 입구에서 멀리 떨어진 곳은 완전히 어둠에 싸여 있었습니다. 카리베 선장과 스카이올라 박사는 램프에 불을 붙였습니다.
　"정말 신기한데! 벽은 금속으로 만들어진 것처럼 빛나고 호수도 있어!"
　바르바카나가 날카로운 소리로 외쳤습니다.
　"호수만 있는 것이 아니야! 다들 저 배를 봐."
　선장이 무언가를 가리키며 외쳤습니다.

선장이 가리키는 쪽을 보니 호숫가에 나무로 된 노 젓는 배가 한 척 묶여 있었습니다.

"터널들을 돌아다닐 수 있도록 만든 것이 틀림없습니다. 저 배를 타고 항해를 하며 무엇이 있는지 조사해야 할 것 같아요."

박사가 말했습니다.

4명의 아이들과 3명의 해적은 배에 올라탔습니다. 선장은 밧줄을 풀었고 바르바카나는 노를 저었습니다. 그들은 호숫가에서 점점 멀어져 갔습니다.

"물속을 보세요. 아주 반짝거리는 돌들이 바닥에 있어요. 빨간색이네요!"

선장의 램프를 들고 있던 에스트레야가 말했습니다.

"루비야, 루비! 그러니까 모두 사실이었어! 여기가 바로 루비 광산이었던 거야!"

펄쩍 뛰면서 선장이 소리쳤습니다.

선장이 뛰어오르는 바람에 배가 뒤집어질 뻔했습니

다. 박사가 선장을 진정시키려고 하는 순간 갑자기 끔찍한 일이 일어났습니다. 동굴의 벽들이 그들에게 다가오기 시작한 것입니다. 마치 동굴이 점점 작아지는 것처럼 벽들은 배를 향해 다가왔습니다.

"이런! 동굴이 진짜 심장처럼 움직이는군. 벽들이 수축하고 있어. 그리고 호수의 물은 피처럼 움직여!" 박사가 비명을 질렀습니다.

실제로 호수의 물은 점점 빨리 움직였고 그 움직임에 배는 끌려갔습니다. 모두들 갑자기 폭포 아래로 떨어지는 느낌을 받았습니다. 잠시 후에 그들은 물이 요동치는 한복판에 도착했습니다.

"우리는 아래쪽 방에 떨어진 겁니다. 진짜 심장에서 '좌심실'이라고 부르는, 심장의 왼쪽 아래에 있는 곳이지요. 여기에도 루비가 있는 것처럼 보이네요."

램프로 물을 비추면서 박사가 말했습니다.

그러나 그들에게는 그 장소를 조사할 시간이 없었습니다. 두 번째 방의 벽들 또한 수축하기 시작했거든요. 호수의 물은 구석에 있는 커다란 터널을 향해서 강한 힘으로 움직이기 시작했습니다. 그 터널은 막처럼 생긴 수문을 가지고 있었고 그 수문은 물결의 힘으로 열렸습니다.

"이 터널은 대동맥처럼 생겼군요. 그리고 저 수문은 진짜 심장의 판막처럼 생겼네요. 심장에서 판막은 동

　맥에서 피가 역류*하는 것을 막아 주는 아주 중요한 역할을 합니다. 덕택에 피는 한 방향으로만 흘러갑니다."
　박사가 설명했습니다.
　그들은 막으로 된 수문을 통과해서 어두운 벽으로 된 커다란 터널로 들어갔습니다. 잠시 후에 터널은 두 개의 더 좁은 터널로 나누어졌고 작은 배는 오른쪽 터널로 들어갔습니다. 물결은 빨리 흘러갔고 누군가 커다란 북이라도 치는 것처럼 둥둥거리는 소리가 들려

* 역류: 물이 거슬러 흐름. 또는 그렇게 흐르는 물.

왔습니다.

"저기 좀 보세요. 물가에 뭔가 이상한 것이 있어요."

셀림이 손가락질하며 소리쳤습니다.

다들 셀림이 가리키는 곳을 보니 물결이 바위를 스치고 지나는 곳에서 파란 불꽃이 생겼다가 사라지곤 했습니다. 그런데 불이 꺼지고 나면 바위들은 색깔이 변해서 반짝거리는 빨간색이 되었습니다.

"이제 다 알겠어! 이것은 루비 광산이 아니라 인공 루비 공장이었어! 물은 산소를 가득 담고 터널로 들어가고 산소는 바위의 알루미늄*과 작용해서 루비를 만들어 내는 거야. 그 반응이 너무 강렬해서 불꽃이 일어나는 거고. 틀림없이 물에는 이런 작용을 가능하게 만드는 물질이 들어 있을 거야. 저 바위들은 뜨겁게 달아올라 있을 테고!"

스카이올라 박사가 아주 흥분해서 말했습니다.

박사가 말하고 있는 동안에 터널은 두 개의 더 작은 길로 나누어지고 있었습니다. 바위에서 나오는 열기 때문에 공기는 아주 무겁게 느껴졌습니다.

선장은 이제 막 만들어진 루비를 줍기 위해 손을 내밀었습니다. 그러나 손가락이 타들어 가는 고통을 느끼고 루비를 물속에 떨어뜨렸습니다.

"이런! 아주 커다란 루비였는데……. 다음에는 놓치지 않겠어!"

---

* 알루미늄: 은백색의 가볍고 부드러운 금속 원소. 가공하기 쉽고 가벼우며 부식을 잘 견딘다. 인체에 해가 없어 건축, 화학, 가정용 제품 등에 널리 쓴다. 원자 기호는 Al, 원자 번호는 13.

선장은 안타까운 목소리로 외쳤습니다.

작은 배는 더 좁은 터널로 들어갔습니다. 이제 물살은 훨씬 느려졌습니다.

스카이올라 박사는 늘 들고 다니는 검은색 가방을 열고 망치와 두꺼운 고무장갑을 꺼냈습니다. 배가 아주 천천히 움직이는 순간을 이용해서 벽에 망치질을 하고는 장갑 낀 손으로 루비들을 집었습니다.

"훌륭한 아이디어군! 박사, 저쪽에 더 많은 루비가 있네."

선장이 박수를 치며 박사를 격려했습니다.

스카이올라 박사는 작업을 계속했고 또 한 줌의 루비를 모았습니다. 그는 그것들을 배 바닥에 던져 식도록 둔 다음, 벽에 다시 망치질을 했습니다. 얼마 지나지 않아 배의 바닥은 반짝이는 빨간색의 루비로 가득하게 되었습니다.

박사는 망치를 높이 들고 다시 터널의 바위를 때리

려다가 갑자기 멈추었습니다.

"잠깐만요, 이제 더 이상 루비가 없네요."

박사가 당황한 목소리로 말했습니다.

이제 벽은 회색이었고 물은 아주 탁한 색이었습니다.

"무슨 일이죠?"

선장이 물었습니다.

"물의 산소가 다 떨어졌군요. 그래서 더 이상 루비가 만들어지지 않아요. 물은 노폐물을 담기 시작했고 색깔이 아주 어두워졌습니다."

박사가 대답했습니다.

"우리 몸을 도는 피처럼 된 거네요."

파블로가 말했습니다.

"그렇단다. 피는 각 기관을 돌면서 온 몸에 산소를 전달해 주고 노폐물을 모아 오지. 그렇게 심장으로 되돌아온 피는 다시 폐로 보내지고, 그런 다음 폐에서 다시 산소를 담는 것이지."

스카이올라 박사가 설명했습니다.

"그렇다면 이제 우리는 심장 동굴 입구 쪽으로 다시 돌아가겠네요. 그리고 이 터널은 심장으로 돌아가는 혈관인 셈이고요. 이름이 무엇이었죠?"

에스트레야가 물었습니다.

"정맥이지. 정맥이라는 이름을 가지고 있어."

박사가 대답했습니다.

배는 넓은 터널로 들어갔습니다. 그리고 잠시 후에 더 넓은 터널이 있는 곳을 지나 어두운 벽이 있는 동굴로 들어갔습니다. 그들이 들어왔던 동굴과 아주 비슷한 곳이었습니다.

"다시 들어왔던 곳 근처로 돌아왔군요. 단지 이번에는 오른쪽으로 들어왔고 여기에는 출구가 없네요."

박사가 긴장된 목소리로 말했습니다.

말을 끝내기도 전에 동굴의 벽이 수축하고 작은 배는 폭포로 떨어져 아래쪽 방으로 들어갔습니다.

"우리는 이제 '우심실'에 도착했어요. 이제 폐동맥을 통해 폐로 들어갈 겁니다."

박사가 말했습니다.

터널의 벽이 수축하고 물을 넓은 터널 쪽으로 밀어 냈습니다. 이번에도 터널에 막으로 된 문이 있었고 그들이 지나가도록 문을 열어 주고는 닫혀 버렸습니다.

"여기도 판막이 있어!"

셀림이 자랑스럽게 외쳤습니다.

"피가 거꾸로 흐르지 못하게 하기 위해서지. 우리는 이미 알고 있잖아."

에스트레야가 새침한 말투로 말했습니다.

터널은 길게 줄기처럼 갈라진 방에 도착했습니다. 동굴의 벽에는 금속으로 된 동그란 물체들이 산소 방울을 물에 보내 주고 있었습니다.

"물에 산소를 공급하는 인공 폐로군. 정말 사피르는 천재야!"

박사가 감탄했습니다.

"이 모든 걸 사피르 혼자 만들었는지 궁금해지는군. 아주 복잡해 보이는데……. 정말 그렇다면 그는 천재가 맞아!"

"맞아요. 그의 파에야 조리법은 정말 천재적이에요. 다들 그 맛을 기대하세요!"

바르바카나가 확신에 차서 말했습니다.

그들이 이야기하는 동안 이제 산소를 가득 담은 물결은 그들을 새로운 터널로 데려갔습니다.

"폐정맥이군. 이제 우리는 심장의 왼쪽으로 들어갑니다. 우리가 출발했던 곳이지요. 다들 준비하고 있다가 배에서 뛰어내려야 합니다. 다시 벽이 수축해서 우리를 아래쪽 방으로 밀어내기 전에 입구 쪽으로 나가야 합니다."

박사가 말했습니다.

"모두 서둘러서 루비를 챙겨라!"

선장이 명령했습니다.

선장 자신도 모자를 벗어 배의 바닥에 있는 보석을 담기 시작했습니다. 파블로도 루비를 줍기 위해 앉았고, 셀림과 에스트레야도 마찬가지였습니다. 바르바카나는 자기 요리사 모자에 루비를 가득 채웠습니다. 박사도 가방에 루비를 담았습니다.

"자, 집중! 이제 입구에 도착할 테니 서둘러서 뛰어내려야 해! 지체할 시간이 없어!"

선장이 소리쳤습니다.

3명의 해적과 4명의 해적 학교 아이들은 한 명씩 뛰어내려 동굴의 입구를 통해 밖으로 나갔습니다. 물은 약간 깊었고 입구를 향해 흐르고 있었습니다.

동굴의 벽이 다시 수축하기 시작했습니다.

8

 동굴에서 나온 파블로는 햇살이 너무 눈부시다고 느껴져서 눈을 감았습니다.

 다시 눈을 떴을 때 그와 모험을 함께 한 동료들이 주변에서 춤추며 웃고 있는 것이 보였습니다. 루비를 얻은 것도, 그 위험한 동굴에서 무사히 빠져나온 것도 다 기뻤습니다.

 "내 심장이 너무 빨리 뛰어서 터질 것 같아."

 셀림이 가슴에 손을 대며 즐거운 목소리로 말했습니다.

 "내 심장도 너무 빨리 뛰고 있어!"

파블로도 흥분이 가라앉지 않은 목소리로 외쳤습니다.

"그것은 너희의 격한 감정에 반응하기 위해서 내부 기관들이 많은 산소를 필요로 하기 때문이란다. 사피르 선장은 참 대단하구나! 그는 특별한 방법으로 부자가 되었던 거야."

스카이올라 박사는 사피르의 천재성에 정말 감동을 받은 듯했습니다.

다시 바라쿠다 호에 돌아온 선장은 모든 해적들에게 루비를 나누어 주었습니다.

바르바카나는 심장 동굴 탐험을 기념하기 위해 사피르 선장의 조리법으로 파에야를 만들었습니다. 파블로는 그렇게 맛있는 파에야를 먹어 본 적이 없었습니다.

"이 파에야는 어쩌면 이렇게 맛있을까? 무언가 특별한 비법이라도 있는 거야?"

모든 해적들이 바르바카나에게 물었습니다.
"그건 비밀 재료 덕분이죠."
짓궂은 미소를 지으며 바르바카나가 대답했습니다.
"그게 뭐지?"
선장이 궁금해하며 물었습니다.
"그건 바로, 루비 가루입니다!"
요리사의 대답에 모두들 웃기 시작했습니다.
"파블로, 바라쿠다 호를 타고 첫 번째 여행을 한 기분이 어때?"

에스트레야가 파블로에게 물었습니다.

파블로는 고개를 들어 주 돛대에 매달려 있는 해적 깃발을 올려다보았습니다. 그리고 에스트레야를 쳐다보며 한쪽 눈을 찡끗했습니다.

"해적의 삶이 너무 마음에 들어."

파블로가 말했습니다.

그리고 한 손을 가슴에 얹고 덧붙였습니다.

"진심으로 말이야!"